徐紀 Adam Hsu

三才劍

天・地・人

目錄

自序

劍，是中外各國無不皆有的兵器。

而劍文化，則是中國獨有的，對於劍的一種特別的痴迷……

於焉，劍被美化、神化，而威力無邊，而諸器辟易。

根本上，從武術——一種科學——漸變而為一種浪漫的情志。脫離了劍術的真實，而發揮虛幻的才思……

因此，國畫上有劍，神像上有劍。收藏專家的箱匣中有劍，價值連城；尋常百姓的牆壁上有劍，鎮宅平安。道士作法，捉鬼驅妖，手中執劍；稚子嬉鬧，官兵強盜，童玩有劍。舞蹈用劍，唱戲用劍。武俠小說的大俠，一定擅劍；功夫電影的高手，必然用劍……

終而至於，人人手中無劍，而心上有劍。劍與伊人，全無關連，卻極其熟悉。人人皆懂，自以為是；深入人心，習俗、禮儀、器皿……是之謂：劍文化。

武林習俗，把練武叫做打拳。而刀是劈刀，棍是掄棍，槍是扎槍。劍嗎？就叫舞劍；而、舞是動詞。

民族舞蹈裡頭，有許多手執道具而舞的舞碼。比如：執羽扇的羽扇舞，拿筷子的筷子舞；手捧牡丹，是牡丹舞；身佩荷花，作荷花舞。揚起馬鞭的，叫鞭舞；耍動寶劍的，就叫做「劍舞」。劍舞，是一種舞蹈的名稱。

由此可知，同一個劍字，同一個舞字，字是全同，而排序不同。先後上下，相去確實無多，

所言所指，就完全不是同一回事了！

　　劍舞優雅，美觀，觀之引人心怡，令人情舒，可以淘洗心魂，使歸於美。

　　而舞劍則常常寒光一閃，流血十步，嚴峻迫切，以決生死。其心志，能忍能狠；其身手，緊守急攻。它沒有閒情逸致，它不見倜儻風流。

　　這自然各行其是，不涉不干，不成問題，不必研討。乃是同樣可貴、各具價值的兩件文化遺產與活動。

　　除非，不知其故地，卻普遍地以劍舞代替了舞劍——包含武林高手在內！

　　又或者，可知其故的是：真正的技術——舞劍，已經失傳……

　　僥倖殘留的劍論、劍技與劍這件兵器的正確形制，在少數服從多數的摩登時代，必然敗選，而無權發言；又何談匡正偏頗，使歸於正呢?!

　　技不輕傳，是過去不良的傳統。中國人擅行此道，而以武術界最惡最甚！

　　依賴言論自由的時俗，老傳統要現代化的認知，以及敝帚不敢自珍，拋磚可以引玉的深切渴望……

　　於是，就有了這麼一本小書。

徐紀　序於　止戈武塾

民國一〇三年　甲午殘冬

壹
概述

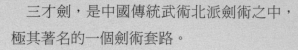

沿革

　　三才劍，是中國傳統武術北派劍術之中，極其著名的一個劍術套路。

　　因為它的優質內涵，早經跨門越派地傳習。到了清末民初，已經很難追溯三才劍的淵源與歸屬了。

　　雖然也有一些不同的說法，談論它的由來，以及它的名稱。可惜都缺乏足夠的證據，不構成有力的主張。

　　時至今日，難求詳解，究竟是何時、何地、何人創編出如此優異的劍術套路？只怕，在崇敬感佩之餘，也只能付諸遺憾了。

師承

本書所記述的三才劍，傳自山東即墨的韓慶堂老師。

韓老師自幼習武，兼擅教門長拳、梅花長拳以及各種長短兵器。

為了追求武藝，韓老師南下南京，考入剛剛成立的中央國術館深造。

而三才劍，正是館中開設的課程之一。就此不但學習了三才劍，而且十分地喜愛。

到了臺灣以後，韓慶堂老師終身授武，設帳課徒。除了在警官學校的教職之外，更在多所初高中及大專院校，創立國術社團，教授青年學子，提倡傳統武術。

在韓老師的課程中，共有劍術五套，學生可以選修；三才劍則列為必修，是習劍開蒙的第一個套路。

遇有比賽慶會的活動，不但常命學生表演三才劍，韓老師也常親自下場，現身說法，與學生合演三才對劍。

其後，韓老師的門下精英，有許多投入傳授武術的文化工作。而在他們的劍術課程中，也一律以三才劍作為啟蒙的課程。

再加上，中央國術館出身的武術老師，播遷來臺的人，北中南部皆有，也都珍愛、傳習這套三才劍術。

所以三才劍在寶島臺灣的流傳面，可謂廣大。也在各種劍術中，一般人對它也堪稱熟悉。

特色

一百年前，武術退出了戰場。現代社會的人練武，主要是為了健身。變殺人刀，為活人劍，乃是人類文明史上的一大進展。

但是也正因為武術不再用來決生死了，在學習的心態上，就因從容，而成鬆弛。而欠認真，而不講究了起來。

劍術，因為成就高而受普遍之推崇，然而也因為技術高妙，學起來就不容易，真正傳承了劍術的老師，很少……

今日的社會中，人們因襲過去的印象，仍然一貫地愛尚劍術。卻因為目標的不同，老師又難找，再加上小說戲劇的浪漫渲染，而將實用的戰技，走向了舞弄的路線。

甚至於，什麼是「舞」劍？一如劈刀、扎槍，乃是一種武技。

然而，什麼是劍「舞」？一如扇子舞、拂塵舞，乃是一種舞蹈。

就好比音樂，不是美術；籃球，不是女紅的門類之別，也已經觀念混淆，纏夾不清了起來……

在如此環境之中，三才劍與眾不同。它具有三大特色，也可以說是優點，保存著傳統的劍術，造福著愛好真正劍術的習武之士。

第一，三才劍的風格，樸實無華，剛健大方。絕不混雜纖巧的戲弄，美化的舞姿。

第二，三才劍明確地分為上下兩個半趟。每半趟之中，又各分四段。

它指引著學習者：分、段、專、精。先分別把這頭二三四，五六七尾的八個段落，在套路不長、負擔不大的條件下，精益求精。

然後再分別連接之，成為上趟劍與下趟劍，招招連綿地，追求手會心熟。

再然後才將上下趟劍連貫，一氣呵成，完成三才劍個人單練的全套路。

第三，這時候，或由老師引導學生，或是兩位同學互相配合，就可以一人練上趟劍，另一人練下趟劍，一招一式地，招招對刺，式式互擊，將單練的套路，一變而成了三才對劍！

一般的劍術套路，在單練之後，也有些是要練對劍的。那就一定要另外再學一個成串兒的對劍新套路，或是零散地另學一組組三五下的散套。

似乎只有三才劍，單練之中含對練，只求精確，不必另學。經濟、現成，又解釋了單練套路的命意，又演習了對刺的劍技，招招式式的彈著點，指點出了真正劍術的命意、舞劍的目標。

貳

基功

寶劍操

寶劍操，是練習舞劍之前暖身拉筋的體操。

它的功能是：

一、握劍操作，使人與劍逐漸熟悉，培養共同操練的習慣。

二、強調中國武術的操作方法與重點，建立軀幹為重的概念，養成脊椎作主的功能。

三、儲備「以身領手，以手持劍」的舞劍法理與習慣，為學習劍術招式，與演練劍術套路作準備。

———————

寶劍操的操作全程，都是握劍在手，而人與劍，是同操同在的。

它的鍛鍊程序，分為三個階段。每一階段的要求不同，難度逐漸提升。

每一階段中的上肢、下肢，與中間的軀幹部位，均有不同的規範。

說明如下：

上肢，就是「天盤」的手臂。右手持劍不變，而徒手的左臂，依次分為：（1）握劍——手握劍刃的前端。（2）夾劍——手掐劍訣，以中食二指，夾住劍刃的前端。以及（3）貼劍——手掐劍訣，貼附劍刃的前端。

下肢，是指「地盤」的腿腳。練習時先是（1）兩腿肩寬打開、自然平立。再則（2）兩腿一實一虛，隨式轉換。而終為（3）一腿獨立，一腿提起，因應變化而操作。

至於軀幹，也就是「人盤」。也分作三段進階式的運動，由（1）迴旋轉身，而（2）四向翻動，到（3）八方轉折。將人身最不靈活的軀幹部位，特別是藏在身內，隱居身後的脊椎，給予必須的操練，以為舞劍之準備。

———————

寶劍操學會了，操熟了，一技在身。就算沒有寶劍，隨便找一根棍子、手杖、雨傘，哪怕是掃把，無不可以依式操作。

就是雙手握著一條毛巾，或是圍巾，也照樣可以運動。

甚至赤手空拳，只要遵照原理原則，認真練來，也一定可以獲得練功的效果——體操

強身，準備舞劍。

　　所以，寶劍操，其實也正就是保健操。

天地人三盤合一，全身操作示例：

壹、握劍／平站

　　腹前（圖握 1 ～握 3）

　　胸前（圖握 4 ～握 6）

　　面前（圖握 7 ～握 9）

握 1

握 2

握 3

握 4

握 5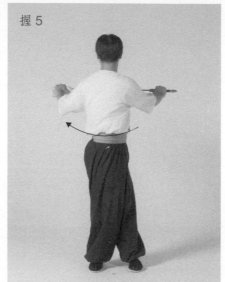

握 6

握 7

握 8

握 9

貳、夾劍／虛式

腹前（圖夾 1 ～夾 3）

胸前（圖夾 4 ～夾 6）

面前（圖夾 7 ～夾 9）

夾 1

夾 2

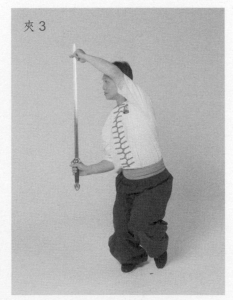

夾 3

夾4

夾5

夾6

夾7

夾8

夾9

徐
紀　三才劍

參、貼劍／獨立

腹前（圖貼 1 ～貼 3）

胸前（圖貼 4 ～貼 6）

面前（圖貼 7 ～貼 9）

貼 1

貼 2

貼 3

徐紀 三才劍

劍胳膊

握劍，當然是用手——手指、手掌與手腕。

舞劍，則不只是手，還要用小臂→手肘→大臂→肩胛等，一整個胳膊的各個部位與全體。

所謂「長兵柄以木，短兵柄以臂」，操持短兵，胳膊至為緊要。

所以，要想學習運作手中的這一把劍，就一定要先練成一條充分訓練過的、舞劍用的劍胳膊。

劍胳膊的鍛鍊法，共有兩種；而每一種之中，又分兩式，如下：

（1）點劍，分為正手點（圖正1、正2）、反手點（圖反1、反2）。

（2）圈劍，分為外向圈（圖外1～外5）、內向圈（圖內1～內5）。

正 1

正 2

反1

反2

徐 紀 三才劍

外 1

外 2

外 3

外 4

外 5

內1

內2

內3

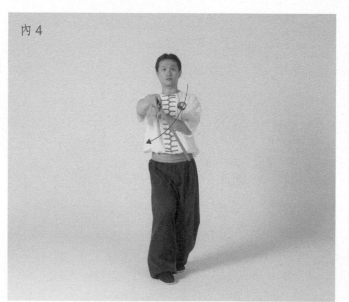

內4

內5

徐
紀 三 才 劍

活把劍

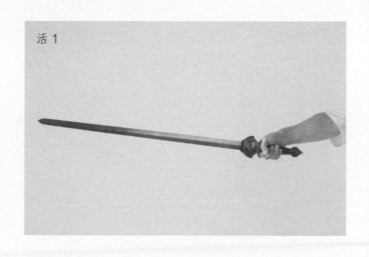

活 1

劍，有劍鋒，執行搏殺。

劍，有劍柄，握在用劍人的手中，操縱搏殺。

所以劍鋒當然重要，而劍柄，其實更為重要。

因為劍柄操縱得宜，劍鋒才有其功能性可言。

換言之，劍柄如果不能把握，運作錯誤的話，劍鋒必然失去了功能，根本沒有作用性可言了。

為了要讓劍鋒的刺、劈、提、撩、抹等等戰技，能夠適當地施為，收取戰果。武術家練劍，就非常注重捉握劍柄的指掌，而有活把劍的要求。

活把劍就是握把要活，要在緊緊握拿之中，尚有鬆活的講究。

也就是握劍的手，要有感應的能力，因應砍、截、點、崩、挫等劍招，行某處、作某指，或鬆或緊的靈活變化之訓練。

所以，要鬆緊哪一根手指呢？在動作的哪一個瞬間呢？必須要從鍛鍊之中逐漸養成，別無他途。

其基本的操持，則可以先行瞭解，大致上分為：（1）基本的握劍，穩固之中，更要鬆放（圖活1）。再從這個基礎上，從事變化，也就是所謂的活把，可分：（2）掐把——前二指重握，後三指鬆放（圖活2）。以及（3）扣把——前二指鬆放，後三指緊扣（圖活3）。

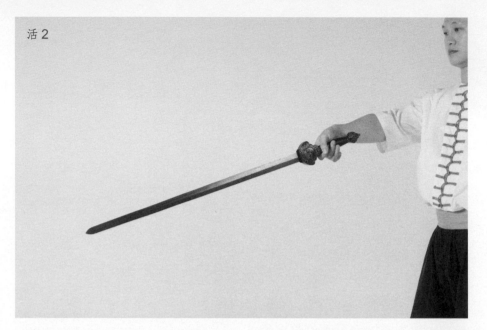

活2

活3

　徐紀　三才劍

掐劍訣

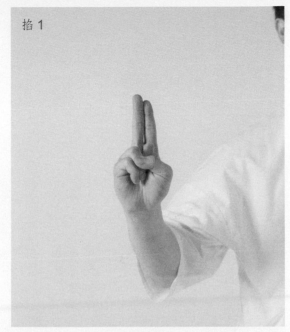

掐 1

一般練劍的習慣是：右手執劍，左手掐訣——中食二指駢出，其他三指扣捏掌心的結構，叫做劍訣。（圖掐1、掐2）

掐著劍訣來練劍的習慣，是從何時何地何人而起的，早已不可究詰。只知道這個做法，是各派劍術共同一致的。

現在更已經隨著劍術的風氣，流傳到九洲萬國，舉世皆然了。

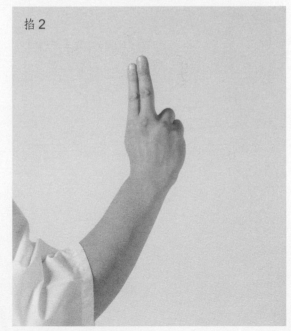

掐 2

掐訣，本來是在宗教的儀式中使用的，式樣很多，含意不同。

中食二指駢出，乃是指人、指路、指事，日常生活中一個比較普通的手勢，意在指引，並不特殊，更不神祕。

有的劍術名家聲明：那是專門點穴用的。高明當然高明，卻是高不可攀，已非此處所能討論的範圍了。

就有如另一種名家高論，認為劍柄尾端安裝的美麗劍穗，也就是流蘇，不是裝飾品，

而是刻意安置的武器——用以掃拂敵人眼目，以致傷害，至少可以擾亂敵人心志云云。

順帶一提的是，有一種所謂的長穗劍，百分之百純屬美麗的舞蹈，而非武術，不能攻防作戰。

因為，要想舞弄長穗，則其心志必在柄末底端，則置劍鋒之刺、劈、撩、砍於心意之外，如何自衛殺敵?!

劍是武術，專事攻防。為了攻防的目的，空著的手臂，可以握拳，可以組掌，當然也可以伸出手指，隨勢運作，只是不一定非用中食二指不可。

如果必欲追問中食二指骿出的所謂劍訣，究竟有何意義與作用的話，比較合理的推測是：這兩隻手指，就代表了劍。

拍3

掐 4

掐 5

　　指頭短，是事實，然而心意長，亦可以手中無劍，心中有劍哪！

　　如此，便在身旁無劍可用，或是環境不許揮舞的條件下，也可以指代劍，而起舞習練，不荒廢了功課，也滿足了心志。

　　即使是練雙劍，正不妨兩手皆掐劍訣啊！

　　順勢而舞的劍訣，放置的位置，在三才劍中一般共有三處：

　　一、高舉在頂。（圖掐 3）

　　二、虛懸在後。（圖掐 4）

　　三、貼附劍腕。（圖掐 5）

十劍招

劍這件兵器，一尖三刃。這是它的本體結構，也是它的基本性格。

依據結構，發揮性格，劍的攻殺第一招，必然是刺。

就好比刀、斧的第一招，一定是劈、砍。

劍招之中當然也有劈、砍，因為它一尖三刃。

除了劍尖，突顯其基本性格的刺之外，劍的結構，還有在拇指一方的上刃，以及與小指同向的下刃，兩個銳利的部位。

循此，劍就發展出了它的基本戰技，叫做劍招。

不同門派的劍術，自有不同的劍招，彼此大同小異。

大同的是，同樣是劍，一尖三刃，基本上無法而不大同。

小異則是各門各派，各自的心得出入而已。

檢驗三才劍的用法，撮其大端，總結出了十個基本的劍招，是：

刺、劈、提、撩、抹，以及砍、截、點、崩、銼。

要明確指出的是，所謂劍術，就是這些劍招。招術、招術，它才是劍術的基礎，與劍術的本體。

將這些劍招配合在攻防上的，叫做招式。一招一式地鍛鍊，以期心手相忘，隨勢出招。

再將招式連成一串，組合起來研練的，就是套路。擬設攻防，要求對應，追求變化自如、身劍合一之境界。

所以，十個劍招一定要精練純熟，因為這才是劍術的本真。

劍招，不但保證了套路的水準之高低，也區隔了舞劍與劍舞的範疇，與其本質之區隔。

亦即：劍舞，只有架式與套路，卻是沒有劍招的。

舞劍，必須要有劍招，而不在乎門派與套路之異同。

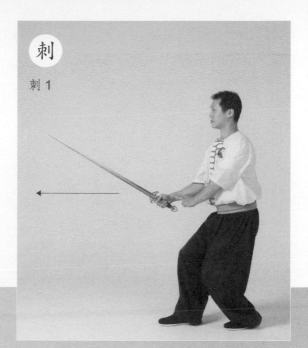

劍招

　刺、劈、提、撩、抹、砍、截、點、崩、銼。

刺 2

劈

內門劈 1

內門劈 2

內門劈 3

外門劈 1

外門劈 2

外門劈 3

徐
紀 三才劍

提

提1

提2

撩

內門撩 1

內門撩 2

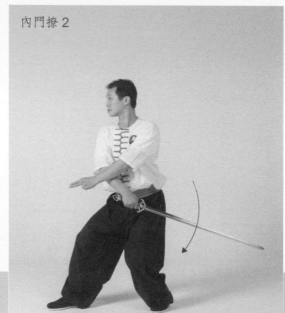

內門撩 3

徐
紀　三才劍

外門撩1

外門撩2

外門撩3

抹

內門抹

外門抹

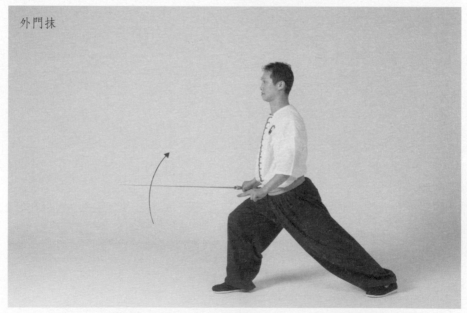

砍

內門砍 1

內門砍 2

內門砍 3

外門砍 1

外門砍 2

外門砍 3

徐
紀　三才劍

截

下內門截

上內門截

下外門截

上外門截

點

內門點

外門點

崩

內門崩 1

內門崩 2

外門崩 1

外門崩 2

徐
紀 三才劍

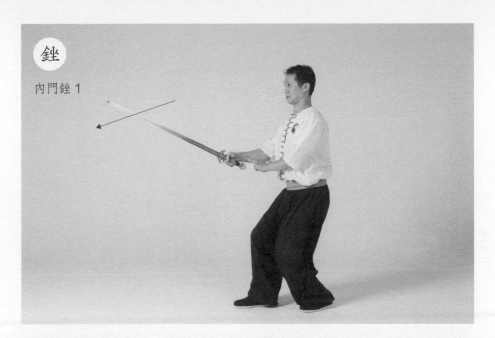

銼

內門銼 1

內門銼 2

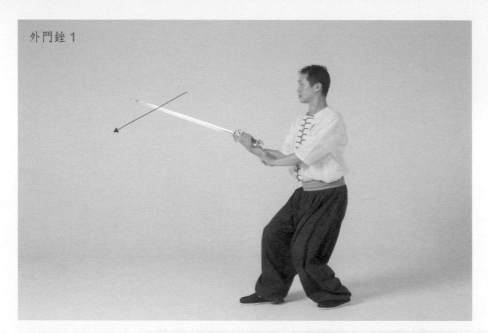

外門銼 1

外門銼 2

參

單練

上趟劍

起式

一、蘇秦背劍
──蘇秦背劍奔陽關──

　立正站定，雙臂自然下垂腿側。

　左掌反握劍柄，手背朝前，手心向後。

　左手大指，無名指，與小指扣握劍鍔；中食二指伸直，貼附在劍柄上。

　劍身垂直，平貼小臂，劍鼻向地，劍尖自大臂側邊伸出，直指向天。（圖 1）

二、仙人指路
──仙人指路入嶽川──

　左腳跨出一步，成弓箭式。上身左轉，朝向演練之方向。

　右手掐捏劍訣，隨勢指向前方。駢出之二指，高與眼齊。（圖 2-1、2-2）

2-1

2-2

三、金針暗渡

——金針暗渡苦求藝——

腿部弓馬互變，成騎馬式。上身隨之右轉，回到原先站定之方向。

右手回收，繞回置於肚臍之高度，掌心向上；左手握劍，也繞置於肚臍高度，在右手上方。劍身水平，劍鼻朝後，劍尖指前。（圖3-1）

注意：左臂動時，劍身仍貼小臂，不可鬆動。

左掌鬆放，將劍柄交放給右掌。

眼光放遠，注視劍尖之方向。（圖3-2）

四、哪吒探海

——哪吒探海波浪翻——

兩腿弓馬互變，成弓箭式，上身左轉。

右手的劍，刺向前下方，與身體成45°「地盤」之高度。

左手掐成劍訣，揚起在頭頂上。

目視前下方，要比劍尖遠，大約半步之距離。（圖4）

3-1

3-2

4

徐
紀　三才劍

五、回頭望月

──回頭望月燕摺翅──

右腳向前，擦過左膝，落在左腳前約半步；兩腿交叉，一同下蹲成坐盤式。

右手持劍，以腕力向回摺疊，使劍身平貼在右大臂上，劍尖朝右後方，以 45° 斜指向天。右手，在丹田的位置；左手的劍訣下降，貼附在右腕門脈的位置「人盤」。

轉頭，目視右後上方，比劍尖略遠略高。（圖 5）

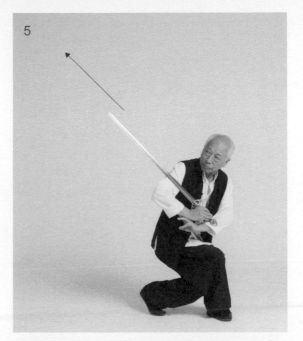

六、寒芒沖霄

──寒芒沖霄玄妙藏──

兩腿同時直起，推動全身向上升高。

右手的劍，順著劍尖所指，向斜上方 45° 刺出，是為「天盤」。

左手劍訣，則向左下方指出。兩條手臂斜向高低伸直，成一直線。

眼睛隨著刺出的劍，望向較劍尖更高更遠的方向。（圖 6）

七、移山倒海

——移山倒海宇宙震——

　　左腳向左踏出一步立定，右足隨之，貼附左腿；右腳腳跟提起，腳趾點地，構成虛步式。

　　右手的劍，自上而下，向正前方大劈，至於劍尖指地，與身體成 45° 之地位，是為「地盤」。

　　左手劍訣移位，貼附在右腕門脈上。

　　目視劍尖稍遠之處。（圖7）

八、指日高升

——指日高升起狼煙——

　　右腳先退半步，左腳再退一步，至於右前左後之位置；左腿立定，右腿輕輕點地，成虛步式。

　　右手的劍，隨身後移，壓低劍柄，而使劍尖翹起，是為彌劍；左手的劍訣，仍然貼在右腕上。

　　此時的劍身，以 45° 斜指敵人心口的高度。劍在人前，人隱劍後。位在「人盤」，目注正前方之敵人。（圖8）

注意：此式名喚「三尖對」，是武術中無論持械或是徒手，應敵之時的基本架式。

因為構成之時，鼻「尖」、劍「尖」，與腳「尖」，必須對準在身前同一條假想線上，故名。

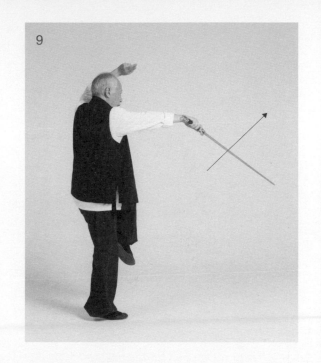

頭段

九、青龍探爪
──青龍探爪能取寶──

假設敵方取我中門，「人盤」高度，一劍刺心而來……

我急將右腿碾地，身形略向左旋，將目標區稍作迴避；左腿順式提起，成獨立式。

右劍向前迎敵，以銼劍探伸，攻向敵方持劍之右手腕；劍訣上揚過頂，目注敵腕。（圖9）

十、撥雲瞻日
──撥雲瞻日曙光曠──

假設敵方來劍急降，避我前招。轉而攻我側門「天盤」右頭部而來……

我向左斜前方45°落左腳，成弓箭式；使頭部避開攻來之劍。

右劍由斜前下方，驟然45°斜向右上方拂砍來敵持劍之手腕；劍訣先下再上，以助其勢，仍回頭頂。回頭注視右上約45°方向。（圖10）

十一、羽客揮塵
──羽客揮塵劍鋒緊──

假設敵方急撤前劍，避我劍鋒；立即砍劍，

攻我「地盤」右腿而來⋯⋯

　我急提右腿，使目標區移走；左腿立定，成獨立式。

　右劍回抽之同時，鋒刃水平，劍尖略低；以劍身拉割敵方右腕。

　眼光略低，注視劍身攻敵之部位。（圖11）

十二、白蛇吐信

──白蛇吐信貫腹腸──

　假設敵方急忙將劍掣回，高舉頭頂以避我劍，致使「人盤」肋腹部位，顯露破綻⋯⋯

　我急向前落下右步，左腿跟進，膝蓋前頂右腿膝窩，成坐盤式。

　我劍同時刺向敵肋，「人盤」位置；劍尖略沉，劍訣仍隨右腕。

　注視目標區。（圖12）

十三、古月沉江

──古月沉江碧竹掃──

　假設敵方退避，且以劍向下拂擊我腕而來⋯⋯

　我原式不動，急將右劍左訣向下沉墜，在腿兩側。（圖13）

13

十四、懷抱玉瓶

——懷抱玉瓶遮胸間——

假設敵方見我前胸「人盤」暴露，立即以劍刺心而來……

我急扭轉雙腿，仍成坐盤式；而身向左轉，以避來劍。

右手之劍，則以劍身中段，用擦劍而非敲擊之技法，抹擊敵方劍身，誤導其劍之落點，使之無法刺向我心。

此時，我劍在內，輕輕黏貼落在外側之敵劍，

聽其動靜意向……

　　劍訣貼在右腕，雙手位居丹田；劍鋒由右肩45°上指，目視來敵。（圖14-1）

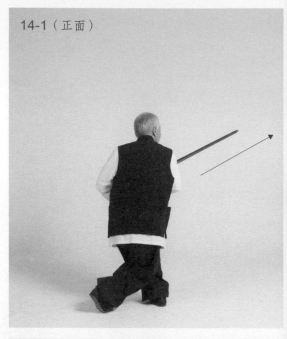

14-1（正面）

十五、白虹貫日

——白虹貫日迎門上——

　　我扭雙腿，使身體上升，趁此全身之力，擰轉劍身，逼向敵劍刷去，使之鬆動……

　　左腿力蹬，大踏右步向敵，拖動左腿，成大步直立之勢……

　　右劍不停，逕用全身逼進之力，劍身擦擊，逼出敵劍，之後逕以劍尖，刺敵咽喉，位在「天盤」。

　　劍訣向身後伸去，以助前攻之勁力；目視敵方。（圖15）

14-1（反面）

二段

十六、枯樹盤根

——枯樹盤根斜鋒尖——

　　左足立定，右腿撤回略提，重心移左。

　　右劍回收之中，要先黏位敵劍，在其劍身

15

中段，將其涮出。我劍高舉頭頂，而劍訣亦回右腕……（圖16-1）

我落右足，左腿往右腿後方偷進，下蹲，成坐盤式。

上舉之劍攻向「地盤」，砍擊敵方右膝。

劍訣又回頭頂，目視對手右腿。（圖16-2）

十七、左右揮扇
——左右揮扇留客住——

假設敵方右腿避走，反以劍斬我腕……

我將坐盤式之左腿向右腿後方延伸。

立即將劍撤回，至於丹田位置；掌心朝上，劍身水平；劍訣又回右腕。

目注敵方動靜。（圖17-1）

左足立定，右腿提起，成獨立式。

同時以弧形移動抹劍，回攻敵腕，仍在「地盤」之高度。目視兩劍交鋒之生剋變化。（圖17-2）

16-1

17-1

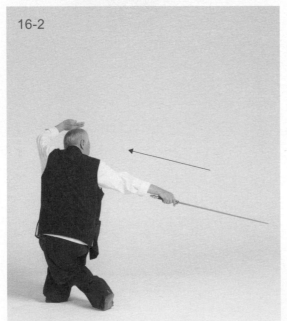

16-2

17-2

十八、美女紉針

──美女紉針穿刺能──

我急將右腿前落，成弓箭式。

劍則由右向中心「人盤」地位，刺向心窩。

劍訣又附右手腕，目注敵胸。（圖18）

十九、三環套月

──三環套月搖玉袖──

假設敵方以提劍割我右腕……

我急將右足向左橫移，落在左腿之左，兩腿交叉錯位。

同時我劍略升，以避敵鋒，並且在劍訣離腕劃圈後，連續以我劍鋒繞割敵腕於「人盤」高度。回右腕。（圖19-1、19-2）

假設敵方也以繞劍方式，避過手腕，而以其劍反割我腕而來……

我急退左步，右臂迴轉不停；一則避敵劍鋒，一則回擊敵腕。

劍訣亦係先行離腕劃圈，續又回貼腕上。

目注雙方繞圈互避，又繞劍互割之握劍右手。（圖19-3、19-4）

假設敵劍不停，繼續迴避其腕，而繞尋我

19-1

19-3

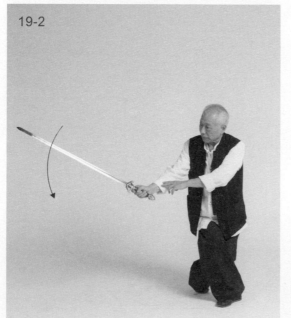

19-2

19-4

徐
紀　三才劍

19-5

19-6

腕而來……

　我再大退右步，成弓箭式。

　我手不停，以避其鋒；我劍不停，續尋其腕。（圖 19-5、19-6）

二十、猛虎棲山

——猛虎棲山掩日戈——

　假設敵方變招，於數度繞劍互避互尋之後，突然以點劍擊我手腕而來……

　我急降重心，成右弓箭式。

　右腕突然向下沉墜，避過敵劍。

　隨即拉劍向後，置於身前「人盤」位置；劍鼻向右後方，劍尖仍指向敵。

　劍訣全程貼附右腕；回頭注目，緊盯敵方動靜。（圖 20-1）

三段

二一、風捲殘雲

——風捲殘雲天地變——

　假設敵方砍劍，取我頸項而來……

　我原地扭動雙腿，至於回身面敵，成坐盤

20-1（正面）

20-1（反面）

式。

　同時即以右劍向左上方 45°「天盤」地位上刺，以劍身前段，劃割敵方持劍之手腕。（圖 21）

　此時劍訣隨腕不離；目視左側交鋒之處。

二二、夜叉探海

──夜叉探海武威雄──

　假設敵方將前劍回擎，以避我劍；改向我「地盤」，砍擊我腿而來……

　我將右腿立穩，左腿提起避攻，成獨立式。（圖 22-1）

　我劍向左下方，砍截敵方持劍之手腕。

　身形向左斜轉，劍訣擺在頂上，目注左下方位。（圖 22-2）

二三、霸王舉鼎

──霸王舉鼎世罕有──

　假設敵又半收前劍，避我攻勢；轉入「人盤」，直刺我心而來……

　我則向後落下左腿之穩，右腿點地成虛步式。

　一面反轉右手，小指朝天，手心向外地將劍向上提起，向回抽割，取敵劍腕。

21

22-1

22-2

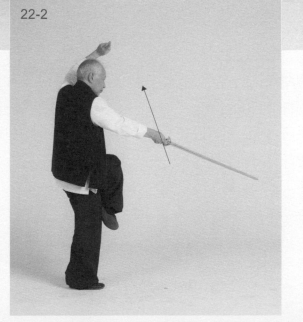

此時人向左轉，劍訣頭頂，而目視我劍。（圖
23）

二四、金龍翻身

──金龍翻身離玄潭──

假設敵方將劍收回，變招衝入我懷，劍身水平，
「人盤」割我腹部而來⋯⋯

我提右腿，身亦右轉，閃避其鋒，成獨立式。

我劍垂直立起，劍鼻朝天，劍尖向地；急以劍身，
回割敵腕。（圖24）

劍訣在腕，目光注視右方。

二五、玉虎旋風

——玉虎旋風行千里——

假使敵方以圓弧方向，順勢連人帶劍，急步走離，以避我劍之時……

我落右步，亦以弧形方位，急步追躡，不使脫走。

見其「人盤」地位，出現空隙；急忙放棄割腕，轉劍水平，攻其腰腹。此時手心朝天，拇指向外；劍鼻朝內，劍尖朝外。

一面緊盯敵身目標，一面兼顧敵步之變位游走。

劍訣高揚頭上。（圖25）

四段

二六、毒蠍反尾

——毒蠍反尾在面前——

承上式，左足立穩，右腿點地，成虛步式。

手中之劍豎起，立在身前中門，劍鼻下沉，劍尖上翹，斜指向天，成「三尖對」。

劍訣貼腕，目注敵方動靜。（圖26-1）

假設敵劍取我「人盤」，刺心而來……

我退右足，至左腿後方；引身略退，藉避敵劍，成坐盤式。

立即，我用撩劍，提割敵劍手腕；劍訣揚在身後，身形略向左擰，目注敵劍。（圖26-2）

二七、黑虎坐洞

——黑虎坐洞牢籠計——

假設敵方見機，將劍退去之時……

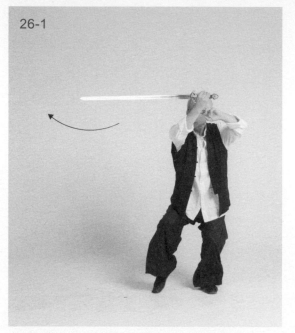

26-1

27

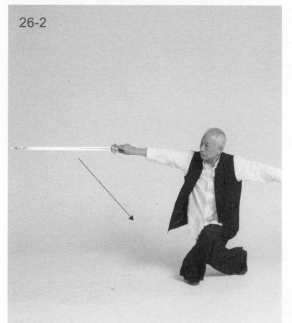

26-2

28

29-1

我將右足自後提前，仍回原位點地，成虛步式。

同時，劍鼻又行下沉，劍尖翹起；劍訣附在腕後，目注敵方，成「三尖對」。（圖27）

二八、青龍出水

——青龍出水霧連天——

我見敵方抬劍頂上，「人盤」出現空隙，立即將右腳大踏步向前，成弓箭步。

同時，以劍刺向敵方心肋部位；劍訣揚在頭上，目注敵胸。

假設敵方急用撩劍，取我右腕而來……我步縮回，左足立穩，右腳點地，成虛步式。

持劍之手回收，劍柄提在左額角處。劍鼻朝後，劍尖向前。

劍訣附貼右腕，目注敵方動靜。（圖28）

二九、飛虹橫江

——飛虹橫江雲舞雨——

假設敵方逕以劈劍，攻我天盤，迎頭劈面而來……

我略退右足，至左腿後方，稍避其勢，而成右實左虛之虛步式。

即以劍身中段，近貼敵劍劍身；才一初觸，立即翻劍，滑澗敵劍，直逼對方劍鍔，至於我劍45°斜向地面為度。

劍訣貼腕，目光略低。（圖29-1、29-2）

三十、擎起玉柱

——擎起玉柱無極懸——

我退左步至右腿後，右腳點地，成虛步式。

一面將劍鼻下沉，使劍尖上翹，護在身前

中門，成「三尖對」。

劍訣貼腕，目注敵方，以觀動靜。（圖
30）

30

下趨劍

31

起式如上趨劍，八招全同。

....

頭段

三一、玉女送書

——玉女送書仙人指——

大踏右步，前進成弓箭式。

刺劍攻向敵方中門「人盤」，心窩地位。

劍訣伸向身後，略在肩耳之間的高度。

目注敵胸。（圖 31）

三二、天邊掛月

——天邊掛月將日掀——

假設敵方略避身形，以銼劍攻我劍腕而來……

我右腿立穩，左足提起成獨立式。

手中劍急沉避攻，向下向左劃過；立即上揚平向掄劍，攻敵「天盤」頭部。

劍訣揚在頭頂，目注敵耳。（圖 32）

32

33-1

33-2

三三、掃徑尋梅

——掃徑尋梅揮塵客——

假設敵頭避去，劍攻我腕而來……

我落左腿，成騎馬式。急收我劍，劍鼻向我身後方向，劍尖向敵，劍訣在腕。立即砍劍，攻向敵腿，「地盤」位置。

劍訣置於頂上，目注敵方腿部。（圖33-1、33-2）

34

三五、蛟龍擺尾

——蛟龍擺尾雲霧散——

假設敵方見我「人盤」露隙，以刺劍攻我右肋而來……

我急退右足，至左腿後立定；左足點地，成虛步式。

隨身形右後撐轉之勢，將劍由上向前下方抹劍攻敵腕；亦即是以劍劃弧：左出右入，拉回我右胯外側。

劍訣置在左胯外側，指尖向敵；目注動靜。（圖35）

三四、金盤托月

——金盤托月雲遊仙——

假設敵腿提起閃避，以劍割我手腕而來……

我急將劍回收，高舉頂上；劍鼻指向身後，劍尖仍指向敵。

劍訣貼附右腕，目注敵方動靜。（圖34）

三六、宿鳥投林

——宿鳥投林日西沉——

左足落實，右步衝前，成弓箭式。

劍自「人盤」刺入，取敵心窩。

劍訣附腕，目注敵胸。（圖36）

三七、金梁架海

——金梁架海龍探爪——

假設敵方以劍格洗我劍以自保後，即又洗劍向前，滑開我劍，欲有所為而來……

35

37-1

36

我急退右足，蓋過左腿回落，使兩腿交叉站立。

我劍先作回收，化敵洗劍力道；劍柄在胸前「人盤」高度；劍身沾黏敵劍，以聽消息。劍訣貼附右腕；目視敵方。（圖37-1）

假設敵方刺劍，攻我「天盤」，咽喉部位而來……

我急退右足，至左腿後方，兩腿肩寬站起。

一面將劍頂開來劍，保持沾黏，聽敵意向。

劍訣身後，肩耳高度；目注來敵。（圖37-2）

37-2

二段

三八、白鶴舒翼

——白鶴舒翼孤樹盤——

假設敵方將劍脫離與我劍的沾黏狀態，以砍劍攻我右腿「地盤」而來……

我急將右腿蓋過左腿，向後避開落地，兩腿交叉。

同時，將劍回收；劍身水平劍鼻向後，劍尖指向敵方，橫置胸前。

劍訣貼腕，目注敵方來劍。（圖38-1）

我隨即將身形下沉，成坐盤式。

同時，砍劍攻向敵腕。劍訣過頂，目視右

38-1

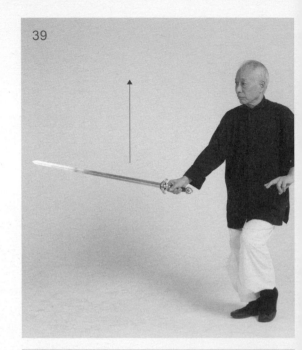

39

38-2

40

徐
紀 三才劍

前下方。（圖38-2）

三九、神鷹斂羽

—— 神鷹斂羽迎風立 ——

假設敵方收劍，避我攻其手腕；立即回手抹劍，反而攻我手腕「地盤」高度而來……

我急將左腿退在右腿後方，足尖點地，成虛步式。

同時右臂鬆放，收回劍臂，垂在右大腿側，以避其鋒。

劍訣垂在左腿側方，目注敵勢。（圖39）

41-1

四○、童子提爐

—— 童子提爐萬道霓 ——

假設敵方順勢，迴劍攻我「人盤」，迎胸刺劍而來……

我急將左足向後落實著地；右腳尖點地，成虛步式。身形略向左後稍轉，以避來劍。

同時，右劍向上向己抬起帶回，提割敵劍手腕。

劍訣舉起在頂，目注來敵。（圖40）

四一、蛺蝶穿花

—— 蛺蝶穿花尋奇遇 ——

假使敵劍劃圈作弧形之運動，反時鐘方向，閃避其腕，而圖割我手腕而來……

我開右足進步，逼向敵方。

手腕一面避敵劍鋒，同時以順時鐘方向劃弧作圈，反而追割敵腕。

此時劍訣由趨前貼腕之後，亦在左側身前，作順時鐘之方向，由開離身體，再回復身前腕側之動作旋繞。

41-2

41-3

41-4

徐
紀　三才劍

目注劍的動靜。

假設敵方回退，而仍以同樣之方式：一面轉避我劍、一面仍割我腕而來⋯⋯

我上左步追擊，繞劍續攻敵腕。

劍訣也續劃小圈，隨勢而進。

目注敵方步伐，及其來劍之分寸。（圖41-1、41-2）

假設敵方大退其步，而留身在近我方之方位。劍則一則避我，一則抹我而來⋯⋯

我上右步緊盯，約成弓箭式；在已避敵劍之後，變劃圈為點劍，在「人盤」高低，點擊其腕。

此時隨式繞動之劍訣，高抬頂上。目視下方。（圖41-3、41-4）

四二、順風扯旗

——順風扯旗迎日高——

敵避我劍，沉劍抽身，暫脫纏鬥之時⋯⋯

我右足蹬地得力，急退至左腿後，立起；左腿在前，腳尖點地，成高虛步式。

一面，將劍高高舉起，在頸頂上，劍尖指天。

劍訣下沉，橫置在丹田前。目注敵方動靜。（圖42）

42

三段

四三、龍跳天門

——龍跳天門虎登嶺——

　　我見敵方背身向我，有機可趁。急忙大步衝前，右足落地成弓箭式。

　　砍劍攻向敵方「天盤」頸部，後腦地位。

　　劍訣在腕，目注目標。（圖43）

四四、海底撈月

──海底撈月勢法斜──

假設敵方扭身避攻，而且以劍割我手腕而來……

我急提右足，懸空，左腿要穩。隨式將劍拉回，以避其鋒。

此時劍訣向左側拉開，左右兩臂半圓伸出，以助平衡。（圖44-1）

我斜落右足，仍回弓箭式。

用砍劍攻敵腿，「地盤」高度。

劍訣又回頂上，目注變化。（圖44-2）

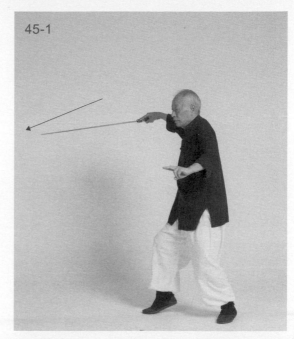

四五、丹鳳朝陽

──丹鳳朝陽從百鳥──

敵方提腿避去我劍，反而以劍取我手腕之時……

我再次急提右足，懸空；左腿立穩，待變。

同時，拉回我劍，劍尖仍指向敵。

劍訣橫在身前，胸腹之間。目注態勢之變化。（圖45-1）

我仍落回右足，成弓箭式。

劍取敵方「人盤」，心窩部位。

劍訣在腕，目注敵勢。（圖 45-2）

四六、順水推舟

──順水推舟心勿虞──

我見敵避我劍，且以提劍取我手腕。

我乃三度急提右足，懸空而變。

一面將劍拉回，而劍尖向敵觀風。

劍訣向左側拉開，兩臂曲肘；目光急尋敵
方空隙。（圖 46-1）

我見敵方「人盤」露出破綻。急將右足斜
向左落，成弓箭式之形。

同時，右臂也向左伸，翻轉手腕，用劍身
拉割敵方腹部。掌心朝天，劍鼻向左，而劍
尖向右，劍身水平。（圖 46-2）

四七、走馬觀山

──走馬觀山賞奇趣──

因見敵方擰身走避，且以其劍，割我手腕。

我則隨敵順勢，弧形走轉，首先避開我腕。

劍訣在腕，目光側注敵方。（圖 47-1）

隨步擰身，倒提我劍，以劍身割向敵腕。

劍訣在腕，注目待變。（圖 47-2）

注意：如此重複追逐，可一可二，多不過三。

尾段

四八、指南金針
──指南金針子午分──

我立左足，停止轉走。右腳腳尖點地，成虛步式。

同時將劍柄，收歸丹田。劍鼻朝地，劍尖向天，成「三尖對」。

劍訣在腕，注目待機。（圖 48-1）

此時此勢，有機則趁機，無機則造機。

我大踏右步向前，成弓箭式。

刺劍攻向敵方「人盤」，心窩位置。

劍訣揚在頂上，目注變化。（圖 48-2）

四九、葉裡藏身
──葉裡藏身待敵勢──

因見敵方回避，而且撩劍，取我手腕。

我急回收右步，在左腿之前點地，成虛步式。

48-1

49

48-2

　　同時，以劍鼻引領，抽劍而回。劍鍔貼在左太陽穴，劍身水平而劍尖略沉。此時劍鼻向後，劍尖仍指正前。

　　劍訣貼附右腕，目注敵方。（圖49）

五〇、太公釣魚

——太公釣魚文訪賢——

　　因見敵劍刺來，攻我「人盤」……

　　我退右步於左腿後方，成坐盤式。

　　用撩劍由上而降，向前攻去，取敵手腕。

51-1

劍訣伸在身後,目注敵勢。(圖50)

注意:如此敵我換招變式,攻防數次,而多不過三。

五一、獅子搖頭

──獅子搖頭首尾顧──

我欲脫離纏鬥,乃先將劍回掛,在我坐盤式之左腿側。

劍訣回貼右腕,目尋敵方可趁之機。(圖51-1)

大踏右步向前,左腿隨之成弓箭式。

51-2

52

51-3

我用劈劍，攻向敵方「天盤」頭頂，劍訣在我頭上。（圖 51-2）

因敵涮洗我劍劍身，雙方兩劍均向下方垂掛。

時我左足已經腳趾點地，成虛步式，點附右足。

劍訣亦降，在右腕上。目注變化，待機而動。（圖 51-3）

收式

五二、天王托塔

——天王托塔乾坤定——

我退右足，轉身向右，成騎馬式。

將劍高舉過頂，劍鼻向後，劍尖仍然指向右前之敵方位置。（圖52）

五三、原璧歸趙

——原璧歸趙家國安——

右腿落實，左步向右腿斜後方，偷步跨去，使兩腿交叉，略成高坐盤式。

右臂橫移胸前，右手貼左肋部位；手掌心朝上，大拇指向前。

左臂曲在右肋之前，大臂收收，小臂豎起；掌心朝上，五指向後。（圖53-1）

右步再退半步，或是一步，立穩。

53-2

53-3

53-4

左步靠向右腿，併立站定。

此時右手抽出，將劍柄移交左手，反手握住之後，掌向前翻，使劍身貼附小臂，劍尖自大臂後方略斜位置，直指向天。（圖53-2、53-3）

右手已成空，捏成劍訣；自右腰甩出，轉回，高置頭頂。

雙目隨右手劍訣之甩動，先向右外方看；再行甩頭變臉，目注左側敵方。

身體放鬆……精神仍然集中。（圖53-4）

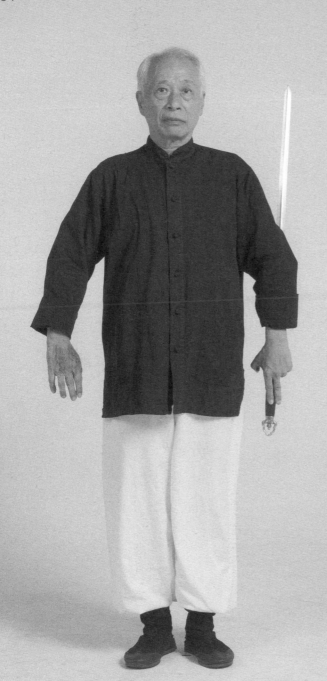

五四、英雄獨立

───英雄獨立勢法全───

舉在頭上之劍訣放下，垂在右腿之旁。

臉面轉正，直視前方。

息氣，寧神；全套劍法演練完畢。（圖54）

注意：

▶ 如將上趟劍，與下趟劍連續演練，即是三才劍完整全部之套路。

▶ 作此練習時，上趟劍之末尾，不作收式，逕行由三尖對，而進入下趟劍。

▶ 下趟劍則不作起式，直承上趟劍尾之三尖對，逕行開始作演練。

▶ 至於求精求熟之練法，則上趟劍分四段，下趟劍亦分四段。

▶ 逐段反覆研練，提升技巧。每段首尾，亦不必加起收式。

▶ 全套修習貫串之時，則上下趟加起收式，共是十段。

肆 用劍

劍法

武諺有云：「劍是等勁」；對決之時，「兵貴神速」。為什麼「等」？又「等」些什麼？

換成白話來說：「等」，就是用第二下。不是一擊逕入，而是前招開啟門戶──破門；次招直取心懷──奪戶的意思。

「等」，當然就不著急。之所以不急，是為了要獲取全勝──「等」敵人門戶洞開，才能夠予取予求。

所以，用劍的法門，是以必先破門，從容奪戶為指導大原則。從容，就不毛躁，不衝動；而是有心機，有次第的──「等」。

至於說到如何執行這破門奪戶的劍法呢？那就要落實在「找漏」和「補缺」兩項行招用劍的基本法則上了。

「找漏」，是打比方。是說無論敵我、雙方用劍，定要互找漏洞、破綻、空隙。更進一步，則是要設法哄誘，逼迫他出現漏洞、破綻和空隙的意思。

「補缺」，則是敵我雙方一旦出現漏洞、缺陷，就一定要趕緊用劍去彌補、遮蓋、搶救的反應。

三才劍的套路，基本上正就是根據兩方人馬，執劍對決，互相逼迫牽制，尋門問路，遵循破門奪戶的原則，而競施「找漏補缺」之劍法編制的。

它絕不追求表面的美姿，而是捶練實質的攻防。活用劍法的原理，遵循此理，而具體實現。

劍盤

三才劍的名號之所依據，就是所謂天地人「三盤」的傳統。在武術中，這不是哲理，乃是實技。

「三盤」，就是上、中、下，三個依循高度而劃分的用劍區塊。因受中國古代哲學的影響，而把它叫做天、地、人，也就是所謂的三才。

三才的「天盤」，就是「上盤」，指的是從頭面到心胸的高部位。「地盤」，就是「下盤」，指的是腳腿膝腰的低部位。至於「人盤」，自然就是「中盤」，指的是從胸到腹的部位。（圖1）

注意：天地人「三盤」並不是三個絕對清楚嚴格的界分，而是「天盤」與「人盤」之間，「人盤」與「地盤」之間，有些重疊部分存在。

從而可知，用劍之時，天地人三才的認識，不是觀念上的區分，必須從技術中來；是在攻防施術之時的走向與轉換。

我人取敵，有天地人三才的變化攻擊。敵人攻我，我作防守之時，也必須要有天地人三才的移位，才能夠廓應得宜，俟機反攻。

三才劍的單練，不但建立「三盤」的概念，而且訓練「三盤」互變的身手。

單練到達相當的程度之後，身手嫻熟。然後，才可以晉級，邁入兩人對刺的學習。

攻防對刺的依據之一，正就是「三盤」位置的靈活變化。

1

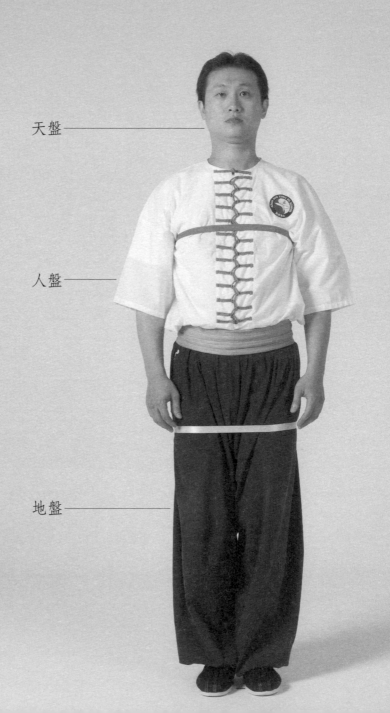

天盤—————————

人盤———

地盤—————————

徐
紀　三 才 劍

劍門

武術中，有一個時常出現的字眼：「門戶」。

武術，分敵我，進行攻擊與防守時，必須要有「門戶」的概念。也就是要嚴守自己的「門戶」，而攻入敵人之「門戶」的基本認知與努力。

在劍術而言，則是所謂的劍門的學習和執行了。

———

學劍，第一個最基本的「門戶」觀念，就是三尖對的架式。

三尖對，就是要把鼻尖、劍尖和腳尖這三個尖，看齊對準，擺在一條假想線上的功架。（圖2）如此，從劍尖到左右兩側的肩尖，就構成了一個三角錐。一方面，銳利地指向敵人。（圖3）另一方面，自己的身形，正好隱藏在這個三角錐中。

比方說：如果劍尖前方，有一支燭、有一盞燈，則我正好隱藏在由我劍尖所造成的陰

影中。

敵欲取我，我的「門戶」嚴密閉鎖，穩固安全。只要我的劍尖哄誘不開，則我雖不動，敵人無論左攻、右取，一定在我燈影的外側劃將過去，而我安如泰山，不動分毫。

這就是武術中的三尖對。無論徒手，短兵，長兵，必不可少，最最基本的應敵「門戶」。

當然，武術的攻防，電光石火，三尖對絕對不是不變不動的。

它的重要性是，任何攻防動作，均必須有三尖對的「門戶」概念在其中。攻人，由三尖對發起；自守，以三尖對為依歸。

在三尖對上，有所謂三門的概念。

首先，是直行的分為上、中、下三個「門戶」。

而橫向計量的，則是左、右、中三個「門戶」。

如果是在招式已發，急速進行之中而尚未接觸的，與甫經接觸的，再加上敵已入門的，則更還有遠、中、近的三個「門戶」與技法。

以三尖對為基礎，我從右邊，攻敵之時，叫「虎門劍」。

我從左方，用劍攻敵，叫「龍門劍」。

在龍虎之間，正面當對的，則叫做「蛇門劍」。

此所謂「劍術三門左右中，右虎中蛇左曰龍」。

這龍、虎、蛇三門的靜態劃分，是清楚而容易的。

而在用劍之時，奪門而進之後的變化，則必須「虎躍不入龍，龍翻不入虎，龍翻虎躍皆蛇行」。

亦即：龍虎二門，「左右進退有虛實」。或是實攻，或是哄誘。一劍發去，已中則中，否則「直進當胸不可阻」。必須回歸蛇門，直取心懷的基本大原則。

武諺說：「劍走輕靈」。正就是三門互變；甚至於是九門幻化，吞吐出入，爾虞我詐的實戰用劍之光景。

伍

對刺
上下趨劍

上趟劍

請見著黑坎肩者。

....

起式

一、蘇秦背劍

共計八招，動作全同單練。

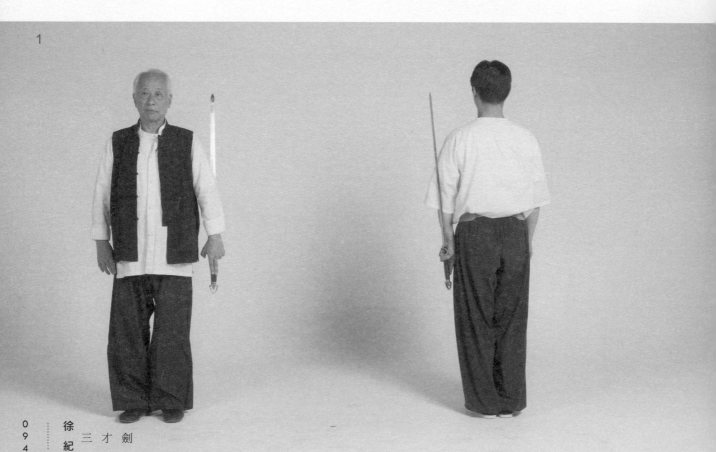

1

2-1

2-2

九、青龍探爪

躯幹半向左轉，以避其鋒。以劍下刃，
作一斜向「蛇門」之銼劍。

10-1

10-2

11-2

11-2

十、撥雲瞻日

　　向左斜落左步，身形降低挪移，以避其鋒。以劍上刃，自「蛇門」而向「虎門」升起，攻敵手腕。

十一、羽客揮塵

　　急提右腿，以避其鋒。將劍自「虎門」下沉，撤回劍臂之同時，用劍身中段下刃，攻向人盤敵腕。

十二、白蛇吐信

見敵人盤有隙，用劍尖由「虎門」入，逕取「蛇門」作刺劍，攻向敵肋。

十三、古月沉江

急沉劍臂，以避其鋒。

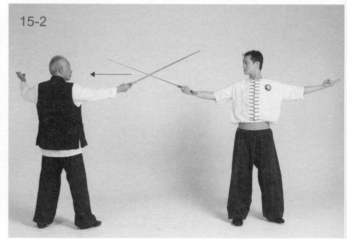

十四、懷抱玉瓶

　　撐身以避其鋒。以劍身中段，迎向來劍劍身，用洗劍向回帶，聽其來意。

十五、白虹貫日

　　以劍身反洗，涮出敵劍，才一鬆動，逕以劍搶「蛇門」，用劍尖刺劍，取敵天盤咽喉。

十六、枯樹盤根

　　撤劍解除糾結，轉走「龍門」，以下刃砍劍攻敵地盤右膝部位。

十七、左右揮扇

急退劍臂，以避其鋒。立即反攻，以劍鋒「蛇門」抹劍，攻向地盤，取敵手腕。

十八、美女紉針

　　見敵人盤有隙，即以劍尖刺去，斜自「虎門」而入，攻其心窩。

十九、三環套月

劍臂反時鐘方向,連劃小弧,一則以避其鋒,同時以下刃割其上腕。

19-4

19-5

19-6

19-7

二十、猛虎棲山

　　退出糾結，拉劍回身，橫置胸前，觀敵動靜。

二一、風捲殘雲

撐身轉式，旋劍驟升「龍門」之天盤，
以下刃迎襲敵腕。

二二、夜叉探海

提避左腿，砍劍以下刃取向「龍門」敵腕。

二三、霸王舉鼎

　　略退身軀，以避其鋒。翻手腕，作提劍，手心朝天，以下刃回割敵腕。

　　以上三劍，均在「龍門」。

二四、金龍翻身

我急擰身，以避其鋒。翻轉手腕，在「虎門」提劍垂直，以劍身之中後段刃，割取其腕。

25-1

25-2

25-3

25-4

二五、玉虎旋風

　　因見敵臂避走，而人盤有隙，弧形走步追擊橫劍水平，以下刃自「虎門」而向「龍門」，劃割取敵腹部。

金龍翻身

玉虎旋風

金龍翻身

玉虎旋風

二六、毒蠍反尾

　　我退身移後，以避其鋒。同時反手翻腕，
以撩劍攻敵手腕，同在「蛇門」。

26-1

26-2

26-3

二七、黑虎坐洞

　　前招未成，將劍前護門戶，成「三尖對」
之勢。

二八、青龍出水

　　立即刺劍，以劍尖攻敵「蛇門」，人盤，
心窩部位。

二九、飛虹橫江

我以劍身中鋒，反手轉腕，舉下刃接迎敵劍。才一輕觸，立即轉劍，以劍身涮洗敵劍中鋒，減其勁力，導其運行之方向，使向下落。

如欲多練，仍依此次序，多不過三。

29-1

收式

三十、天王托塔

三一、原璧歸趙

共計兩式，動作與單練全同。

29-2

29-3

下趟劍

請見著黑上衣者。

起式

一、蘇秦背劍

二、仙人指路

三、金針暗渡

四、哪吒探海

五、回頭望月

六、寒茫沖霄

七、移山倒海

八、指日高升

共計八招，動作全同單練。

三二、玉女送書

取中門，即「蛇門」作刺劍，以劍尖向敵人盤攻去。

三三、天邊掛月

　　劍臂下沉，以避其鋒。轉向「龍門」，亦既是左門，以劍身前段及上刃，攻敵天盤頭部。

三四、掃徑尋梅

急撤劍臂,以避其鋒。轉而砍劍,以下刃攻向「龍門」地盤,敵膝位置。

35-1

35-2

36-1

36-2

三五、金盤托月

　急撤劍臂，以避其鋒。

三六、蛟龍擺尾

　身形後撤，以避其鋒。劍臂急沉劃弧，自
「龍門」向「虎門」作抹劍，以劍尖攻敵手
腕。

三七、宿鳥投林

見敵人盤有隙，側由「虎門」以劍尖刺劍，攻其心窩。

38-1

38-2

38-3

38-4

三八、金梁架海

稍退以避其鋒。劍臂曲收，用劍身頂開來劍，並且將劍升起，以消其勁力。

三九、白鶴舒翼

　　急退右腿，以避其鋒。以下刃砍劍，向
「龍門」地盤，取其手腕。

四十、神鷹斂羽

沉收劍臂，以避其鋒。

四一、童子提爐

提劍急起，以劍身之中後段上刃部位，攻敵劍腕。

四二、蛺蝶穿花

劍臂順時鐘方向，連劃小弧，一則以避其鋒，同時以劍下刃，割其上腕。

42-2

42-3

42-4

42-5

四三、順風扯旗

退出糾結，將劍高舉頂上，尋敵破綻。

43-1

43-2

43-3

龍跳天門

見敵天盤有隙，走「虎門」用下刃砍劍，取其後腦，或後頸部。

四四、海底撈月

急撤我劍，仍走「虎門」，砍劍攻敵地
盤左膝。

四五、丹鳳朝陽

急撤我劍，見敵人盤有隙，逕取「虎門」
以劍尖刺去，取敵心房。

四六、順水推舟

急撤我劍，以避其鋒。即將我劍水平，以劍身下刃，自「虎門」割向「龍門」，取敵人盤，腹部。

46-1

46-2

47-1

四七、走馬觀山

我順步弧形走轉，拉開距離，以避其鋒。

又將我劍垂直，截取敵腕。

47-2

47-3

　　兩人以弧形轉圈步法追逐。

注意：此處之上下趟劍，均以弧形轉圈步法

追逐，變招用劍如前述。

如欲多轉多練，重複施為亦可，多不過三。

分開之時，雙方均作三尖對護身，以觀對方

動靜。

四八、指南金針

我刺劍發去，以劍尖取敵「蛇門」，人盤，心窩位置。

四九、葉裡藏身

　　將劍撤回，以避其鋒。停在左額，劍尖仍指向敵。

五十、太公釣魚

　　退步隱身，反手轉腕，向正前「蛇門」撩劍，以前鋒下刃，取敵手腕。

注意：以上之上下趟劍，各作進退，變式用招如前述。

如欲多練，重複行之即可，攻防施為，多不過三。最後回歸此處，視敵動靜，緊接以下之招式。

五一、獅子搖頭

見敵回撤避我，急行劈劍，經我左腿外側，取敵「上盤」，以劍身中鋒下刃，迎頭帶面，直劈而下。

51-1

51-2

51-3

51-4

51-5

51-6

五二、擎起玉柱

　退步收劍，直置身前，護身觀敵，成「三尖對」。

注意：如不多練，則雙方同作「三尖對」，結束對練，逕入收式。

亦可上下趙劍互換，由此發動，全部重練互為攻防之對劍。

收式

五三、天王托塔

敵我雙方退步成騎馬式，劍則橫舉頂上，劍訣橫在腹前。仍然目注對手，以資警戒。

五四、原璧歸趙

共計兩式，動作與單練全同。

54-1

54-2

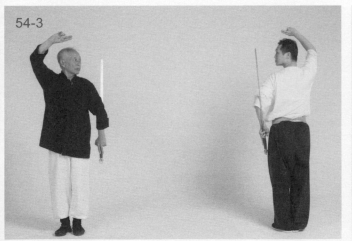

54-3

54-4

對刺

附錄

劍形

基本結構：

一、劍身（劍體）

　　劍的全體／本身，經最前端的尖（顯現在外），到最末尾的劍鼻（隱藏在劍柄之中）。

二、劍脊

　　劍身中線，隆起如脊椎般的直線，經劍尖延伸到劍鍔。

三、劍鍔（劍鐔）

　　劍的護手，區隔交戰用的劍身鋒刃，與用劍人握劍的劍柄裝置。

四、劍柄（劍把）

　　劍的握持部份，一般以木質包裹鋼質之劍身，而構成之。

五、劍鼻

　　劍柄的末端，也是劍身貫串劍柄之身之後的終點。

❹ ❺ ❸ ❷ ❶

用劍部位：

一、劍尖
　劍身最前端，大約三寸，略呈三角形之部位。

二、上刃
　不是固定的部位，是在用劍之時，向上朝天的鋒那一側。

三、下刃
　不是固定的部位，是在用劍之時，向下朝地的劍鋒那一側。

四、前鋒（上鋒）
　自劍尖而下，約佔劍身全長三分之一的部位。

五、中鋒
　劍身中段，約佔全長三分之一的部位。

六、後鋒（末鋒）
　劍鍔之前，約佔劍身全長三分之一的部位。

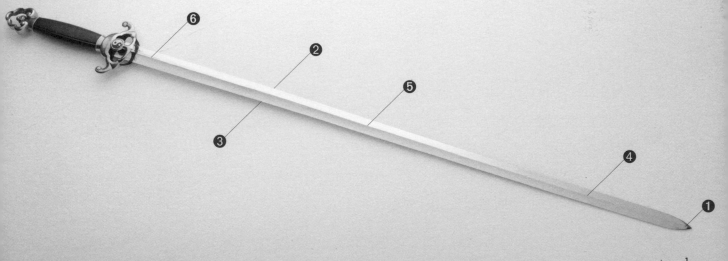

三才劍譜

起式：

蘇秦背劍奔陽關	蘇秦背劍
仙人指路入嶽川	仙人指路
金針暗渡苦求藝	金針暗渡
哪吒探海波浪翻	哪吒探海
回頭望月紫燕摺	回頭望月
寒茫沖霄玄妙藏	寒茫沖霄
移山倒海宇宙震	移山倒海
指日高升起狼煙	指日高升

上趟劍：

青龍探爪能取寶	青龍探爪	銼
撥雲瞻日曙光曬	撥雲瞻日	撥
羽客揮塵劍鋒緊	羽客揮塵	割
白蛇吐信貫腹腸	白蛇吐信	刺
古月沉江碧竹掃	古月沉江	沉
懷抱玉瓶遮胸間	懷抱玉瓶	洗
白虹貫日迎門上	白虹貫日	刺
枯樹盤根斜鋒尖	枯樹盤根	砍

左右揮扇留客住	左右揮扇	抹
美女紉針穿刺能	美女紉針	刺
三環套月搖玉袖	三環套月	圈
猛虎棲山掩日戈	猛虎棲山	帶
風捲殘雲天地旋	風捲殘雲	銼
夜叉探海武威雄	夜叉探海	砍
霸王舉鼎世罕有	霸王舉鼎	提
金龍翻身離玄潭	金龍翻身	提
玉虎旋風行千里	玉虎旋風	掄
毒蠍反尾在面前	毒蠍反尾	撩
黑虎坐洞牢籠計	黑虎坐洞	定
青龍出水霧連天	青龍出水	刺
飛虹橫江雲舞雨	飛虹橫江	劈
擎起玉柱無極懸	擎起玉柱	定

下趟劍：

玉女送書仙人指	玉女送書	刺
天邊掛月將日掀	天邊掛月	掄
掃徑尋梅揮塵客	掃徑尋梅	砍
金盤托月雲遊仙	金盤托月	定
蛟龍擺尾雲霧散	蛟龍擺尾	抹
宿鳥投林日西山	宿鳥投林	刺

金梁架海龍探爪	金梁架海	洗
白鶴舒翼孤樹盤	白鶴舒翼	砍
神鷹斂羽迎風立	神鷹斂羽	定
童子提爐萬道霓	童子提爐	提
蛺蝶穿花尋奇遇	蛺蝶穿花	圈
順風扯旗迎日高	順風扯旗	定
龍跳天門虎登嶺	龍跳天門	砍
海底撈月勢法斜	海底撈月	砍
丹鳳朝陽從百鳥	丹鳳朝陽	刺
順水推舟心勿疑	順水推舟	掄
走馬觀山賞奇趣	走馬觀山	提
指南金針子午分	指南金針	刺
葉裡藏身待敵勢	葉裡藏身	定
太公釣魚來訪賢	太公釣魚	撩
獅子搖頭首尾全	獅子搖頭	劈
擎起玉柱無極懸	擎起玉柱	定

收式：

天王托塔乾坤定	天王托塔
原璧歸趙家國安	原璧歸趙
欲學古人聞雞起	
三才劍法術通仙	

一劍倚天寒

中國武術的兵器，品類紛雜，劍，在這兵器大家族中，獨占了好幾個暢銷第一名：

最蒙練武的人士所愛習，排行第一！

受到並不練武的各界人士所寵愛，排行第一！

劍的技術，在諸多兵器之中，最罕傳，最失真；奇談最多，誤解最大，也是排行第一！

＊

敢請一思：

武術在今日並不熱門，為什麼劍獨能流行於社會各階層？

續請再思：

兵器在一百年前，就被火器打敗了。冷兵器因不能殺敵，而全面淘汰，為什麼劍卻能屹立於時代大潮之中流，一「枝」獨秀？

還請三思：

今日所見武術表演、武術比賽中的劍，美則美矣，也頒了金、銀、銅質的獎牌，然而、有多少算得上是「舞」劍？有多少其實是「劍舞」？

＊

歷史，是既成的事實。無法否認、改寫和屈解。

根據史實，劍早從漢朝以來，就不是戰場上的主要兵器了——主兵一直是刀、槍。

保家衛國的大戰也好，報仇爭勝的私鬥也罷，白刃相交，性命相搏的拚殺，是認真的、慘烈的，而不是浪漫的、兒戲的。

沒有人敢挺著一具技術不足，威力難伸的劍，去臨陣求死，助敵殺我。

＊

劍是以殺人為目的的工具，也就是凶器。千百年來，為什麼那麼普遍地廣受不練武不殺人的各行各業所恩寵？實在是一個謎……

劍，一直流行到二十一世紀的今日，是鐵一般的事實。

但是，劍的興旺，並不等於劍術——武術的一種——的普及。

劍術，是武術；而「劍文化」，則繽紛地出現在舞蹈、戲劇、圖案、繪畫、雕塑、飾品、儀仗、法器、章回小說、連環卡通、

功夫電影片、武俠連續劇、仿古收藏物、地方特產品，以及晚近的電腦遊戲機等等各方面。

劍、真的是活生生地存活在今日的生活中。

───

這自然是一項可喜，而且可以自豪的成就。「劍文化」不但點綴生活，帶來美感，還多少傳導了些武勇的氣息，有益身心。

不過同時也從反面映照、襯見了武術之劍的沉淪與沒落，以及武術家們並不知悉且不介意的無知與無奈。

───

如果還需要從一點──最佳的觀察點──切入，剖析全面的話，則就是今日的武術用劍，其「劍鍔」竟然是上下顛倒，裝反了的！

耐人尋味的是：國畫中的劍，為美人、為名將、為歌伎、為雅士……其「劍鍔」、是對的。戲臺上的劍，崑劇、京劇、歌仔戲、布袋戲……其「劍鍔」、也是對的。美術的劍，工藝的劍，為門神、為天王、為案上擺飾、為小孩玩具……其「劍鍔」、還是對的。

似乎只有武術名家，劍術大師手中的劍，其「劍鍔」才是十之八九不對的。毫不擔心「劍鍔」方向的正誤，可以導致決鬥的勝負，性命的生死。

當然囉，今日已經不再用劍上戰場，也不可以用劍作私鬥了。而劍術比賽是只比套路，不比對擊的個人「秀」。則劍術的用法既然不講，「劍鍔」的正反呢？哎喲，反正一樣啦！

───

也曾有收藏家，捧出古董劍，讓實證實物說實話。

這些歷朝諸代所留存下來，各色各樣的古劍中，究其「劍鍔」，絕大多數是對的；的確也有少數是反的。

令人絕倒的是，這些「劍鍔」不正的古劍，絕大部分是珍品。想當年，一定是懸掛在不必上陣、只作指揮的帝王將相之腰下。難怪它們都裝具華麗、飾以金玉，價值連城。無論古人今人，非平常之人所能擁有。

像這種劍，是權貴的象徵，儀式的需求。到今日，則是收藏的拱珍，好古的玩賞。與

武術，不相干；與作戰，沒關連。「劍鍔」的顛倒反正，是看那些龍、鳳、獅、虎、與蝙蝠、燕子們如何扭捏作態的美術設計為思考而作決定的。

━━━━━

「劍文化」自自然然地存活於今日，雖非顯學，而流傳浸廣……是只應讚美，不宜抨擊的一種自然發生的現象。

武術劍本來應該是「劍文化」的依憑之所在。時至今日，怎麼反而有意無意地去混同「劍文化」？以其實並不相干的流行形象來壯膽、自欺，以期不勞而穫，不求長進。

如果與「劍文化」劃清界線，武術劍單薄的身影，竟已是一脈如縷，雖尚倖存，亦甚可危了。劍術沒有聯合國科教文組織人類文化遺產認證，沒有國際環保組織為了維護生態平衡的一貫作業，劍術的孱弱之軀，近年來更還在承受著「劍商業」如苦雨淒風的惡劣影響。

這些品牌越來越眾多、競爭越來越惡質的「劍商業」，挾經管理財之強勢，以賺錢發家為天職，藉宣傳廣告為手段，更拿出劍的

宗主國、發源地為權威。諸子百家，互競神奇，國際市場，一片混亂！

其實，能將古代的劍轉形成為現代的商品，養活數以萬計之人民，確實有大本事，是好事情。只不知，依賴著「劍商業」為生的個人與公司，是否能夠為劍做一點賺錢以外卻是本分以內的工作？

例如：探討文化，而非創造神話；推廣「舞」劍，而也提倡「劍舞」；發揚武術，而不只是利用武術。

劍是什麼東西呢？劍者，器也，本來就是待價而沽的。能把劍賣到全世界，「劍商業」怎麼能說不成功？只是，是否也能夠對商品的源頭——武術，給予一些既為武術，也為自己的尊重？而對所生產的商品——劍，再作一些研究與認識呢？

至低限度，有沒有哪位肯鑄一把合情合理的劍呢？也好讓武者劍家，一雪至少半個世紀之奇恥，不要再劍在手中，差在臉上呵！

━━━━━

苟自過去世觀之，武術本是文化之一部。武術中的劍術，焉能沒有文化？即使遠古工

具與兵器不分的時代，劍的出現，也仍然記載了人類文化雖然蹣跚前進的腳步……

是故，武術劍從不可能與「劍文化」絕對區隔。事實是武術劍的自救自強之道，除了直接提倡武術之外，切莫忘記了文化的營養。如果沒有如此如此的文化，哪來這般這般的劍術？

古時鑄劍，必有劍匠。雖然工藝的技術難比現代，但是，虔誠、認真非今日的「劍商業」可比。那時自然是全憑手工，歲歲、年年……就這麼在敲敲打打中逝去。

一批批手工打造，漫無標準的產品中，偶爾亦有出眾的傑作，就叫做「寶劍」。因為是必受武林、軍將、高官、顯宦所「寶」愛的難得之「劍」，青史留名。

只是，從來沒有巨匠名師，能把每一把劍打造成同樣的品質；這固然是手工業的無奈，卻也是師匠的自尊。

現代神州大陸「劍商業」的產銷，絕不拒接國外的訂單，敢簽合約，必收訂金；然後再作內部人手之組合、產品品質之調整。只要如期交貨，貨不一定要對辦！只有「銀貨兩訖」，沒有「售貨服務」。反正海天遙阻，其奈我何？

這種新式生產，一鄉一縣、一家老小、全民投入，半人工打造的劍，僥天之倖，祖宗之靈，也不可否認，偶然就真出了一把「寶劍」——也很可能就出於婆婆媽媽掙零花，不理廠商叮囑、不受幹部催促的慢工細活之錘鍊，只是不可能每一把都維持一定的水準。

———

至於武術界，則除了一二特例，曾經設法鑄劍，藉以自珍自豪之外，從未試圖鑄造一把既有文化背景淵源，又有商業產銷潛力的劍。

深深以為：當代武林所最最需要的，就是一把依據文化史實，符合商業時潮，能夠大量生產，又能品質如一，真真確確，而又老老實實的——時代之劍。

如此這般的一把現代劍，汲古之神，有器之用，必須嚴守三個最基本的條件，分別是：功能、美學，與服務。

先說服務：服務就是要使練武愛劍的小青

年們，人人都買得起、用得起，其至還要丟得起！

年輕人大多沒錢，吃得又多。太貴的劍，姑不論值不值那種天價，也不問是不是稱手好使，反正，很難「買得起」！是故，武術劍必須要走低價位的服務路線——以服務代替叫賣。

什麼叫做「用得起」呢？武術劍不是真古董，也不是仿古物。它不是為牆壁買的，掛著好看。年輕人的劍，是要天天刺砍揮劈，一不小心，就蠻可能斫地伐樹的鍛鍊器材。太貴了，捨不得用時，劍術還能復興嗎？

至於說到「丟得起」，則就是以防萬一了。萬一媽媽來叫，朋友來找，不小心把劍給丟在校園、公園、公車站、火車站。失物招領，登報尋劍，卻是已被珍藏，難歸故主了。此時，傷心失悔，自所難免；立刻再買，談何容易？然而，三兩個月，節省、打工，就一定能夠另買一把新的，才是考慮周全的服務之心意。

其次，再談美學。所要強調的是：以華夏美學為基礎，固然要緊；作現代美感之發揮，更不可缺。

今日之劍今日造，取現代的材料，用現代的工藝，而求現代的美感。去此一步，就成了「拷貝」，雖為好古人士之嗜痂，卻非一般活人之興趣。

因之，當代武壇所造的這把武術劍，生於文化，指向商業，就必須以碳鋼鍛造「劍身」，也不妨以玻璃纖維精製「劍鞘」，堂堂無愧地、代表二十一世紀的中國人與劍。

至於打造的過程，則人力與機械力相摻揉，追求最高可能的產製效率，呈現自我尊貴的現代美感。

哪怕是千百年後，考古隊挖劍出土，收藏家購劍競價之時，只要一落眼，就應該要能辨識這柄國曆歲在甲午，西元二〇一四年的劍！

最後，討論功能。功能是最最緊切重要的處所，可以說無功能就無武術劍，功能不足，武術劍就一定不好。

這項要求，全面關係到「劍身」、「劍鍔」、與「劍把」等三個部分。而檢討的標準，其

實只有一個，就是：實用。

先說「劍身」，也就是鋒刃，是一把劍的主體，致實用的依憑。大致可分為「劍鋒」形制、「劍脊」或「劍槽」，以及重心配置等三事。

「劍鋒」雖利，形制無殊，一般都是狹長尖細，一鋒兩刃，頭小尾大，前輕後沉的構造，少有例外。

講究的是：如何使得一片頑鐵，在再三錘鍊之下，漸尖、漸薄、漸輕與漸窄？此中辛苦，不但難度甚大，掌控非易；而且同一目標，各家所得的結果，每致差異。

而這也正是一把劍的價值之所在，是佳作與劣品的區分。對於仿冒者，意圖低價作競銷者而言，則是最大的難題與挑戰。

武術劍是兵器，不是表演的道具、儀式的法器。它既以刺擊為目的，「劍身」上就需要有「劍脊」，一線隆起，通貫首尾。有逐漸隆升的，也有兀然凸起的。

而如果不起「劍脊」，就必開「劍槽」。可以是中間一線而下的單槽，也可以是平排並列的雙槽，或是前一後二的三槽等形式。

無論「劍脊」與「劍槽」，其目的均在使敵血流瀉……才能在一擊必中之後，不被敵人的體腔吸牢，立即拔劍，迎向群敵。

否則，劍入敵身，而敵血不瀉，我劍難拔……那麼，一擊之後，竟成徒手！後果，還用問嗎？

新鑄武術劍的「劍脊」，分寸拿捏在漸隆與兀起之間，弧度優美，卻是研磨非易。它與整個「劍身」一體，摒棄了打磨——顯微鏡下，看似平滑的「劍身」，實呈叢林之狀——的一般技術，而採用刨光，「劍身」平面有「劍脊」起伏山丘之形狀，光可鑑人。

最後，也是最常引人爭議的，乃是重心。有人認為稱手即可，不必講究；也有人認為用久成習，慣了就行。但是，也頗有人斤斤計較，百般挑剔，以示內行，以示高明。

其實，個人的習慣確應尊重，只是，買劍也像買時裝，除非量身訂做，否則大致合身就好。要緊的仍然是在先天的麗質，與後天的氣質，不在錙銖必較的名牌穿著與舞臺裝扮。

劍的重心，只有一前一後兩個位置而已。

重心在後，大約「劍鍔」之前三四寸的，為步戰用劍；武術劍即採此式。另一重心在前，約離「劍尖」四五寸的，則是騎兵馬戰之器。

若問為什麼老說三四五六寸？不能明確標示幾寸幾分幾釐嗎？則其原因有二：一是劍，一是人。

劍的輕重，有頭有尾，其重心之設定，關係到全劍——包含「劍鍔」、「劍把」、「劍鼻」等等的用材，及其粗細厚薄之比例。每一批劍確可標明精準之重心，然卻不能以之權衡另一批，或某一枝劍的是非正誤。

至於練武習劍的人，只要劍技在身，就應有能力去調節自己用劍的分寸，也就是人去合劍。如果嬌慣自己，不作此求，那麼，平時得劍，尚可漸求熟習；戰時急切抓劍，哪管我劍敵劍，立即爭鋒當先，如何能講究以劍合人？

———✦———

「劍把」的常見錯誤，就是太胖，圓乎乎的，猶如刀把。似不瞭解刀握滿把，劍把在活，而活是靈活。但靈活又絕對不是花式的要弄，那就成了劍舞，而不是「舞劍」了。

「劍把」之所以纏索，目的有三：一、增加磨擦，擊刺得力。二、換招變式，加強操控。三、敵械的企圖，更易感知。至於繩索品質的講究、花色的選擇，根本不是大事，只要喜歡，只在方便而已。

從前，無論「劍把」、「劍鞘」常以鯊魚皮貼裹。「劍鞘」在呈其裝飾之美與保護之固，「劍把」就在有助抓拿、增強手感了——尤其是顆粒凸起的魚皮。

當然，也有在劍把上刻劃條紋的，其目的與作用一如纏索。其優點不在環保意識，不在節省耗材，而是繩索無論貴賤，久用必然鬆動、損耗，時常需要準備材料，重新纏結。因此漂亮的絲帶，多見於尊貴的「劍文化」上，武術劍就不如從簡了。

———✦———

前曾述及的「劍鍔」，在「文化劍」中，大多正確。大約是去古未遠，代代傳承的緣故，令人敬佩，不必多講。

現代小工坊特鑄的「劍商業」，常常喜歡在「劍鍔」上做文章，形狀競取俗豔，再取個武俠小說式的劍名，配上一段故事之後，

再訂個嚇唬人的超高價來作最有力的裝飾，就可以上市，擇人而售了。

不過，本是買賣，手法在人。只要雙方滿意，各取所需，自然皆大歡喜，無可厚非。

真正出奇的仍然是武術劍的「劍鍔」，不知始自民國某年，竟然一聲口令，就一同「向後轉」了?! 尤其令人不解的是：武師劍客，持之用之，至於今日，百十年來，並未扼腕?! 絕不堵心?! 只怕這並不是相安無事的好現象，而是因為劍術始終不昌盛，無法「以實踐來檢驗真理」的緣故吧？

明末吳殳的〈手臂錄〉中，明白批評當時的武者用劍，已經是「斫砍如刀法」，「此技世已久絕」的了。

專精槍法，兼及諸種兵器的吳殳，在書中自承：「余擅梨花三十年，五十衰遲遇劍仙……」所謂「劍仙」，也只知道其名號是漁陽老人。生平？傳承？一概不述。就連他傳給吳殳的劍法，也要求保密，曰：「君得之，慎勿輕傳於人。」

吳殳也是一位詩人，一方面「恐此技終致不傳」，一方面「顧念老人之語」，便用一

長、一短兩首詩，欲說還休地留下一些會的人讀之「會」心，不會的人讀亦不「會」的、可貴亦復可憐的吉光片羽。

傳統如此，風氣如斯，劍術也好，武術也罷，怎麼能夠不失傳呢？

這麼看來，「劍鍔」的倒置，不但只是一椿小事，根本就是勢所當然的了！

— ✦ —

行文至此，理所當然地，應該介紹流傳不替，尚可尋覓的武術劍。希望有心之人士，同來習練、繼承、提倡、光大。

因為見聞不廣，亦憾機緣有限，在此只能勉強將己身之所曾經，整理出一個體系。

可以大膽地說：循此以求，去古不遠，復古不難，劍術或能倖獲一線之生機。

但是絕對不敢以有限的經歷，就魯莽地評述全局。深信，除了此處所述之外，必有更多、更好、更具偉大價值的劍術與劍術家，不但普遍存在，而且是在默默耕耘著……

— ✦ —

「三才劍」——韓慶堂老師傳授。有「基本劍訣」、「三才劍」與「三才對劍」等三

部分。

人盡周知，武術劍必須要講究用法；而「三才劍」的用法，主要在推敲一個「漏」字，亦即「找漏」與「補缺」；兩個相反相背，而又互為誘因，互尋戰果的關係法則。

「三才」，當然就是天、地、人，其實也就是武術中劃分目標區的上盤、中盤及下盤。日常用語，叫它高、中、低即可。

這趟名劍的歷史欠詳，十分遺憾。因為曾在中央國術館中列為教材，會練的人多，流行得就廣。只是似乎並未蒙受愛劍者的青睞，罪名居然是：「不好看」。

「三才劍」講究武術劍的分寸，不改原貌，不求花妙。而證之以少數雖然又練又教「三才劍」，卻是努力要花招者的舞弄作態，用法全失之下場，可以充分說明：好看未必好用，好用的不在好不好看！

學習此劍，必須先練「劍訣」，也就是用劍的技巧，比如：刺、劈、點、崩等等。至於有人練十個「劍訣」，有人則練十二個用法，出入無多，不必計較。真要計較的是熟練成功，確切地掌握這三尺寒泉、一尖兩刃的攻防技術，才是一切劍的不二法門。

然後則練套路。而「三才劍」的套路是將「劍訣」融入了步法，配合上身法，以習「找漏」、「補缺」之攻防的長串連續動作⋯⋯。三盤互變則高矮速動、三門互換則左右急變⋯⋯，與假想敵搏命拚殺，不斷地用招、變招、再變招、再用招地操演，務使劍招純熟，心意明確，而為「三才對劍」之基礎。

值得特別介紹的是：所謂「三才對劍」，就是把「三才劍」的套路，從中間一半之處折開，使成上下兩趟。就可以與同學劍士，一攻就一防，一防則一攻地「對劍」合練，而且嚴絲合縫，若合符契。不必另學新的「對劍」套路，便可以將「找漏」、「補缺」的原理與實技實地檢驗，而發現缺點，尋求進步了。

還需要指出的重要技巧是：「三才劍」的實用，講究要劍劍到肉，截腕刺心，絕對不許以劍格劍，叮叮噹噹⋯⋯，如武俠電影中火星交迸，傻氣十足，在銀幕上大開鐵匠鋪的荒唐之劍！

武諺有云：「劍是等勁」，又說「後發而

先至」。其體現在「三才劍」一系列鍛鍊中的，就是先去人手，以殘其劍；而後從容生擒，或逕予刺殺的一貫要求！

———※———

「**昆吾劍**」——劉雲樵老師傳授，有「基本劍訣」、「昆吾劍」與「昆吾對劍」等三部分。

這一系列劍法的訓練要求，一言以蔽之，就是一個「黏」字。而其精義在：「黏」住敵方兵刃、「黏」開敵人門戶兩大訴求。

「昆吾」兩字，一說是古代諸侯的名字，一說是諸侯「寶劍」的名字；又有說是國名，也有說是山名，莫知孰是？只知即使挖出了竹簡，連繫上諸侯；甚或掘得了「古劍」，鑄有劍名，仍與今日流傳的數種大同小異的「昆吾劍」，沒有任何關連。

托古改制，依附權貴，乃是文化，不出人性；是好是惡，只得由他。而「昆吾劍」則是大名鼎鼎的武術之鄉——滄州——之名產。

劉老師的「昆吾劍」，得之於師兄弟第五路總指揮張驤伍將軍。而張將軍與其兄弟行——河北省督辦李景林將軍，同其傳承。再向上找？就是掌故、傳奇，不能詳矣。

李將軍有「天下第一劍」之譽，與張將軍同任中央國術館副館長。支持過民初時代許多的武術表演與比賽。而他本人每次表演，一定是劍術的示範。

今世盛傳，以崇尚實用負譽的「武當劍」，據說就是李將軍所提倡的。若問此劍由來？則竟是神仙所授了！真有傳述「武當劍」的專文與專書張皇此說。也有一說認為：乃是李將軍之所編造；原因竟然是不肯將生平祕技「昆吾劍」公開傳授——信不信由人！

李將軍之劍，能活用就能自編。今傳楊式太極拳中三套由來不同的「太極劍」，有一套即出李將軍手。

「劍訣」自然是入門之階，其技術內容，也仍然是刺也、劈也、點也、崩也……，與任何「劍訣」，並無多大的不同。不同的是在執行這些「劍訣」時，對於這「囊中三尺練」的認知，那就是劍雖一體，而前、中、後段各有職守，而又要相互為用。然後，「黏」字訣，及其吸納敵械開啟契機之功能，

斯能實踐。

「昆吾劍」的支系雖多，套路的出入不大。其真正的差別，不在多一招、少一式、次序顛倒，同名異技等等的枝節，而要問是否真正已具「劍訣」的營養？

不問某招某式「向哪裡去」？只問該招該式「應怎麼去」？「有形剁形，無形剁影」。手中劍、心上人；務求劍也、人也、步也、身也，結為一體，周身靈動。而這也正是學習「昆吾對劍」的條件。

「昆吾對劍」的雙人套路，是必須另外新學的。其中的攻防招式，雖然是從「昆吾劍」中擷取，但有些次序不一，銜接有異；有些動作的本身，也不盡全同了。

「昆吾對劍」的雙練，不但授人以一劍三節、一招三意的實操經驗，而且極其注重步法。因為腳底下的進退、高低、與角度，才是手心上的攻防、吞吐、與虛實的依據與保證。

不能夠進退如風，焉能夠運劍成風？

———

「**八極劍**」——劉雲樵老師傳授。有「基本劍訣」、「八極劍」、「八極對劍」等三部分。

前人用劍，必求實效。私鬥則一劍穿心，劍起頭落！身手力道，已非容易。公戰，更有盔甲護體，苟無勁力，如何能斬殺強敵？獲致戰果？

所以，「劍訣」的追求，就主要傾注在如何運全身之力，聚於一擊，必須能力透重鎧，致果殺敵這一個課題上頭。

八極門的兵器中，想必應有劍術。是否就叫「八極劍」？尚待確認。有些武術系統中，也採用別的門派的劍，很不一致。

此處望能一敘的這趟「八極劍」，來源特殊。應視之為極有意義的美談呢？還是蠻有意思的奇蹟？端賴沉醉在傳奇風尚之下的個別武者來品評擇取了。

時間，是民國二十二年的春天。地點，是山東黃縣（今龍口市，黃城區）第五路軍指揮部。人物，是劉雲樵老師與他「八極拳」、「劈掛掌」、「八卦掌」（宮寶田老先生門下）的師兄——張驤伍將軍。他兩人勤習「昆吾劍」，而師尊李書文老先生，望而鄙之，

譏為無用。

李老先生命張將軍試劍：則將軍之劍不但無法進招，還根本無法握固：不是拔擲在地，就是震飛上天！

於是，李老先生為說「劍勁」之重要；無「劍勁」而有「劍招」，徒成畫餅，不能充飢！

因為二徒正練「昆吾劍」，便藉「昆吾劍」的套路，一手一式，析解劍中陰柔的纏勁，與剛猛的斫勁……，日復一日，不知不覺地，就在這麼不改套路之順序，也不另加動作的情況下，誕生了後來才錫之以嘉名的「八極劍」。

所以，「八極劍」的套路，與「昆吾劍」全同，劍譜一樣。劉老師在民國七十九年冬天出版的《昆吾劍》，常被習慣性地叫做「昆吾劍」續集，其內容就是此處介紹的「八極劍」；也習慣性地被叫做「昆吾劍」二路。

整理定名的考慮，有名與實兩個方面：究其實質內容，權衡輕重，稱「八極劍」，更覺名實相符。而從名的角度來看，滄州有若干「昆吾劍」的系統，傳承流布；更有好幾種《昆吾劍》的書，從來沒有二路，更沒有三路。

倚多為勝，已經有不武之譏了。更何況，雖不明說，仍似是在欺愚同道：我有「昆吾劍」一、二、三路，因完整而必高明。別人只有一路，一定是假的。這種事情，壯夫不為，還是避免了吧！

何況那套「八極對劍」——習慣性地被叫做「昆吾劍」三路的——完全不是兩人對劍的什麼套路；而是雙方對擊的散劍。無約定、不預設、守規矩、維安全……帶領著學習者，逐漸踏上實戰用劍的途路。

分析其技，首先是「劍術三門左右中，右虎中蛇左曰龍」的入手法門。

復次，則是「虎躍不入龍，龍翻不入虎，龍翻虎躍皆蛇門」的步劍合參，也就是劉老師祕而不授的「一步一劍、一步兩劍、一步三劍」之祕技。

最後，則萬法歸宗，從「直行當胸不可阻」，而悟出了「直行直用是幽玄」。劉老師所謂的劍去不回，連發至再，甚至於左右換把，而仍只此一劍的衝陣劍法，神乎其技，

莫可名狀矣！

劍、原只是一件兵器，全世界各國各族，無不皆有。

只有中國，竟然形成了「劍文化」，舉世獨尊。

然而，不知始於何時，逐漸地，劍已只是「劍文化」中的象徵，幻化無窮，無孔不入。千百年來，引領著人們的情感，隨順其「劍鋒」所指，走入了文化。而不知已遠離了劍這件兵器，以及劍術這項武技。

這種文化的走向，是自然而然的，是無罪無私的。有罪的，是武術自己；是武術自己的弛怠、輕忽，所以劍才脫離了武術。更因為武術的僥倖、自欺，所以劍也斫傷了文化。

文化，總是像母親一般的慈愛寬容。如今，是要看劍術這名遍體鱗傷的壯士，如何下決心、作選擇了。

如果情願瞑目於母親溫暖的懷中，那麼，請就安息……

如果仍想奮興、再起，則韓慶堂老師，劉雲樵老師的神劍猶在，無論國內、國外；武術界只怕無心，如果有意，必可逐步整建中國劍術有人有馬的龐大陣容。

雄劍無言，絕學善默，真正愛劍練劍諸君子，是不難起願發心，尋師訪友，共耕同修，以期必成的。

那麼，劍，幸甚；而劍文化，也幸甚了！

圖解
三才劍：天・地・人

2014年12月初版　　　　　　　　　　　定價：新臺幣單書250元
有著作權・翻印必究　　　　　　　　　單書＋4片DVD套盒2800元
Printed in Taiwan.

著　　　者	徐		紀
發　行　人	林　載		爵

出　版　者	聯 經 出 版 事 業 股 份 有 限 公 司	叢 書 主 編	李		佳	姍
地　　　址	台 北 市 基 隆 路 一 段 1 8 0 號 4 樓	編 輯 校 對	倪		汝	枋
編 輯 部 地 址	台 北 市 基 隆 路 一 段 1 8 0 號 4 樓	攝　　　影	王		弼	正
叢 書 主 編 電 話	(0 2) 8 7 8 7 6 2 4 2 轉 2 2 9	整 體 設 計	劉		亭	麟
台 北 聯 經 書 房	台 北 市 新 生 南 路 三 段 9 4 號	動 作 示 範	徐			紀
電　　　話	(0 2) 2 3 6 2 0 3 0 8		陳	駿		龍
台 中 分 公 司	台 中 市 北 區 崇 德 路 一 段 1 9 8 號					
暨 門 市 電 話 ：	(0 4) 2 2 3 1 2 0 2 3					
台 中 電 子 信 箱	e-mail：linking2@ms42.hinet.net					
郵 政 劃 撥 帳 戶	第 0 1 0 0 5 5 9 - 3 號					
郵 撥 電 話	(0 2) 2 3 6 2 0 3 0 8					
印　刷　者	文 聯 彩 色 製 版 印 刷 有 限 公 司					
總 經 銷	聯 合 發 行 股 份 有 限 公 司					
發　行　所	新 北 市 新 店 區 寶 橋 路 235巷6弄6號2樓					
電　　　話	(0 2) 2 9 1 7 8 0 2 2					

行政院新聞局出版事業登記證局版臺業字第0130號

國家圖書館出版品預行編目資料

三才劍：天・地・人/徐紀著．王弼正攝影．初版．
臺北市．聯經．2014年12月（民103年）．160面．
20×20公分（圖解）
ISBN　978-957-08-4421-4（平裝）
ISBN　978-957-08-4484-9（平裝附4片DVD書盒）

1.劍術

528.974　　　　　　　　　　　　　　103022279